COLEÇÃO

INTELIGÊNCIA ARTIFICIAL

ENGENHARIA DE PROMPT

Volume 1

FUNDAMENTOS

CONCEITOS ESTRUTURADORES

HISTÓRIA DA ENGENHARIA DE PROMPT

Prof. Marcão – Marcus Vinícius Pinto

Aviso de isenção de responsabilidade:

Observe que as informações contidas neste documento são apenas para fins educacionais e de entretenimento. Todos os esforços foram feitos para fornecer informações completas precisas, atualizadas e confiáveis. Nenhuma garantia de qualquer tipo é expressa ou implícita.

Ao ler este texto, o leitor concorda que, em nenhuma circunstância, os autores são responsáveis por quaisquer perdas, diretas ou indiretas, incorridas como resultado do uso das informações contidas neste livro, incluindo, mas não se limitando, a erros, omissões ou imprecisões.

ISBN: **9798343473926**

Selo editorial: Independently published

Sumário

Seja bem-vindo!

A inteligência artificial (IA) tem se mostrado uma força transformadora em múltiplos campos, desde a automação até a análise de grandes volumes de dados.

Em meio a esse avanço, a engenharia de prompt surge como um dos elementos centrais para o aproveitamento do potencial dos modelos de IA generativa.

O livro Engenharia de Prompt – Volume 1: Fundamentos, Conceitos Estruturadores, História da Engenharia de Prompt é o primeiro passo para desbravar essa disciplina fascinante, trazendo ao leitor as bases necessárias para entender e aplicar essa nova forma de interação com sistemas inteligentes.

Este volume é parte integrante da coleção "Inteligência Artificial: o poder dos dados", uma série desenvolvida para aprofundar o entendimento de conceitos fundamentais da IA.

Disponível na Amazon, a coleção proporciona uma jornada de aprendizado para quem deseja dominar as linguagens e as ferramentas que movem essa era digital, revelando o dado como a essência da informação e a informação como a essência do conhecimento.

Na engenharia de prompt, essa cadeia de valor se manifesta de forma explícita: ao estruturar as interações entre humanos e máquinas, o prompt se torna a chave para liberar todo o potencial da inteligência artificial.

Destinado a profissionais de tecnologia, desenvolvedores, cientistas de dados e entusiastas de IA, este livro serve como uma introdução clara e aprofundada ao tema.

Se você trabalha com IA ou deseja iniciar sua jornada nesse campo, este volume é fundamental para entender como prompts bem elaborados podem maximizar a eficiência de modelos e algoritmos.

Além disso, gestores que buscam otimizar a aplicação da IA em seus negócios também encontrarão valor aqui, já que a correta engenharia de prompt pode ser decisiva para extrair resultados mais precisos e personalizados de suas soluções tecnológicas.

A obra traz uma abordagem sólida sobre:

- O que é engenharia de prompt

- Elementos centrais de um prompt eficaz

- Benefícios e objetivos da engenharia de prompt

- Requisitos para se tornar um engenheiro de prompt bem-sucedido

- Riscos associados a prompts incorretos

- Histórico da evolução dos prompts em IA, incluindo técnicas como Transformers e LSTMs

- Aplicações e cenários práticos da engenharia de prompt

Para facilitar o entendimento, o livro inclui exemplos reais que demonstram a aplicação da engenharia de prompt no desenvolvimento de interações significativas entre humanos e IA.

Por exemplo, veremos como um prompt mal elaborado pode conduzir a resultados ambíguos ou prejudiciais, enquanto um prompt bem estruturado pode personalizar respostas, otimizar o tempo de processamento e melhorar a experiência do usuário.

Resultados que o leitor obterá.

- Compreensão profunda sobre o papel dos prompts na IA

- Domínio das técnicas para criar prompts eficazes

- Capacidade de identificar riscos e evitar erros em interações com modelos de IA

- Ferramentas para melhorar a personalização e contextualização de sistemas baseados em IA

- Conhecimento histórico da evolução dos prompts e suas principais inovações tecnológicas

A IA avança rapidamente, e a engenharia de prompt se coloca como uma peça vital nesse quebra-cabeça tecnológico. Ao estudar os fundamentos apresentados neste livro, o leitor adquire não só conhecimento técnico, mas também a capacidade de moldar as interações futuras entre humanos e máquinas.

Boa leitura e uma jornada repleta de descobertas.

Prof. Marcão - Marcus Vinícius Pinto

Mestre em Tecnologia da Informação
Especialista em Tecnologia da Informação.
Consultor, Mentor e Palestrante sobre Inteligência Artificial,
Arquitetura de Informação e Governança de Dados.
Fundador, CEO, professor e
orientador pedagógico da MVP Consult.

1 Fundamentos da inteligência artificial.

A Inteligência Artificial (IA), em sua essência, refere-se a sistemas ou máquinas que imitam a inteligência humana para executar tarefas e conseguir melhorar de forma progressiva com base nas informações que recolhem.

Este campo multidisciplinar cruza áreas como ciência da computação, psicologia, filosofia, neurociência, entre outras, para criar máquinas capazes de raciocínio, perceção e aprendizagem.

1.1 Aplicações de IA.

As aplicações da IA são diversas e atravessam todos os setores da sociedade, incluindo:

1. Saúde. Diagnósticos mais rápidos e precisos, previsões de surtos de doenças, personalização de tratamentos e automação de tarefas administrativas.

2. Transporte. Veículos autônomos, otimização de rotas e gestão de tráfego.

3. Finanças. Sistemas de detecção de fraudes, gestão de riscos, robo-advisors para consultoria de investimentos e automação de operações.

4. Varejo. Personalização da experiência do cliente, otimização do estoque e previsão de tendências de mercado.

5. Manufatura. Manutenção preditiva de equipamentos, gerenciamento da cadeia de suprimentos e automação de

linha de produção.

1.2   Requisitos de Dados para IA.

Para que os sistemas de IA funcionem e aprendam, eles necessitam de dados, muitas vezes em grandes quantidades. Esses dados são utilizados para treinar algoritmos de machine learning, que são o coração da maioria das aplicações de IA.

Os pilares fundamentais sobre os requisitos de dados para a IA incluem.

1. Volume de dados. IA, especialmente o aprendizado profundo, requer grandes volumes de dados para identificar padrões e fazer previsões com precisão. Isso é frequentemente referido como 'big data'.

2. Qualidade dos dados. A qualidade dos dados influencia a precisão dos resultados da IA. Isso abrange a precisão, completude, relevância e atualidade dos dados.

3. Variedade de dados. A IA necessita de uma variedade de dados para capturar a complexidade do mundo real e oferecer resultados bem generalizados. Isso inclui dados estruturados (como tabelas de bancos de dados), dados não estruturados (como texto livre, imagens, áudio e vídeo), e dados semiestruturados (como e-mails ou documentos formatados).

4. Dados etiquetados. Para métodos de aprendizado supervisionado, é crucial ter dados etiquetados, isto é, dados onde as observações estão vinculadas a rótulos ou respostas

conhecidas que o algoritmo pode usar para aprender e fazer previsões.

5. Diversidade de dados. Os dados devem cobrir uma gama diversificada de casos e cenários, a fim de reduzir vieses e garantir que a IA possa funcionar adequadamente sob diversas condições.

6. Dados compartilháveis. Questões de privacidade e legalidade devem ser consideradas para garantir que os dados possam ser compartilhados com sistemas de IA de forma ética e conforme a regulamentação vigente, como GDPR.

7. Dados anotados temporalmente. Para problemas como análise de séries temporais ou quando a cronologia é significativa, os dados precisam estar corretamente anotados com carimbos de data/hora.

A qualidade e a variedade dos dados são fundamentais para evitar o problema da 'garbage in, garbage out' (GIGO), onde dados de entrada de baixa qualidade no treinamento de IA levam a resultados de baixa qualidade.

É essencial que os dados usados no treinamento não apenas representem de forma justa todos os grupos afetados, mas também estejam livres de preconceitos que possam levar a discriminações ou injustiças.

Além dos dados, os sistemas de IA também necessitam de algoritmos avançados, arquitetura de computadores poderosos (tais como GPUs especializadas para o processamento de redes neurais), e frameworks de software e bibliotecas matemáticas que permitam a implementação e o treinamento de modelos de IA.

1.3   Desenvolvimento e treinamento de IA

O desenvolvimento de um sistema de IA requer definição clara de problemas, obtenção e limpeza de dados, escolha de um modelo de machine learning adequado, treinamento do modelo com um conjunto de dados, e a avaliação de sua eficácia.

Depois de treinado, o modelo de IA é testado com um novo conjunto de dados (o conjunto de teste) para verificar sua capacidade de generalizar e fazer previsões ou tomar decisões baseadas em dados não vistos anteriormente.

Há diversos métodos e técnicas utilizados no processo de treinamento de IA incluindo:

1. Aprendizado supervisionado. Onde os modelos são treinados em um conjunto de dados com rótulos conhecidos. Eles aprendem a prever a saída a partir das entradas fornecidas.

2. Aprendizado não supervisionado. Onde os modelos buscam padrões em dados sem rótulos, como a segmentação de clientes em marketing.

3. Aprendizado por reforço. Um modelo aprende através de tentativa e erro, maximizando uma recompensa ou minimizando uma punição durante o treinamento.

4. Redes neurais e aprendizado profundo. Estruturas complexas que imitam a maneira como o cérebro humano processa informações, eficazes especialmente em tarefas como reconhecimento de fala e imagem.

1.4   Desafios da IA.

Apesar dos progressos significativos na IA, vários desafios permanecem, incluindo:

1. Viés e Justiça. Sistemas de IA podem perpetuar ou até amplificar viéses presentes nos dados de treinamento.

2. Explicabilidade e Transparência. Muitos modelos de IA, especialmente redes neurais profundas, são considerados 'caixas pretas' e oferecem pouca compreensão de como as decisões são tomadas.

3. Privacidade de Dados. Modelos de IA podem revelar informações confidenciais ou pessoais contidas nos dados de treinamento.

4. Segurança. Sistemas de IA podem ser vulneráveis a ataques, como exemplos de adversidade projetados para enganar modelos de IA.

1.5   Diretrizes para criação de interações significativas.

1.5.1   A importância da personalização e da contextualização.

A engenharia de prompt, dentro do contexto das interações digitais modernas, assume um papel protagonista como uma ferramenta de alinhamento entre a inteligência artificial (IA) e as necessidades humanas.

Esta prática sofisticada representa a meticulosa arte de modelar perguntas, comandos, ou instruções para extrair respostas desejadas de um sistema de IA, ou para guiar a experiência do usuário de maneira intuitiva e eficaz.

O cerne desta abordagem baseia-se na personalização e contextualização, dois pilares essenciais para a construção de diálogos produtivos e interações significativas entre o homem e a máquina.

A personalização refere-se à afinação fina dos prompts de modo que eles reflitam os interesses individuais, preferências históricas, e necessidades específicas do usuário.

Isto vai além do uso de dados demográficos genéricos; requer a compreensão das nuances do comportamento e das expectativas do indivíduo. Ao fazer isso, cria-se uma experiência mais sinérgica e natural, onde a tecnologia se torna uma extensão do pensamento e das intenções do usuário.

Por outro lado, a contextualização diz respeito à incorporação do ambiente e circunstâncias atuais do usuário na engenharia de prompts. Isso envolve não apenas a análise de onde e quando o usuário está interagindo com o sistema, mas também o entendimento de sua situação emocional e social.

Uma IA capaz de discernir tais aspectos pode oferecer respostas e sugestões mais precisas, elevando a qualidade da interação para além da funcionalidade básica, rumo a uma experiência verdadeiramente enriquecedora.

Os processos de personalização e contextualização em engenharia de prompt traduzem-se em benefícios palpáveis, não apenas para os usuários, mas também para as entidades que implementam tais sistemas.

Os usuários desfrutam de serviços mais intuitivos e apropriados, o que naturalmente leva à maior satisfação e fidelidade. Para as empresas e desenvolvedores, isso significa maior engajamento, redução nos tempos de atendimento e, potencialmente, conversões mais altas, se aplicável ao contexto de negócios ou serviços oferecidos.

Ao ajustar as interações baseadas em IA para refletir as circunstâncias em tempo real e dinâmicas do usuário, as organizações podem alcançar uma comunicação verdadeiramente bidirecional, onde a tecnologia responde e provoca estímulos que fazem sentido para cada usuário individualmente.

1.5.2 Consistência, da simplicidade e da acessibilidade.

A importância da consistência, simplicidade e acessibilidade na engenharia de prompt é fundamental para criar interações que sejam ao mesmo tempo intuitivas e satisfatórias para os usuários.

Esses princípios são vitais para garantir que os produtos tecnológicos possam ser utilizados de forma eficiente e sem frustrações, independentemente da experiência ou habilidade técnica do usuário.

Consistência significa que os prompts devem seguir um padrão reconhecível, permitindo aos usuários desenvolver uma intuição sobre como interagir com a interface sem ter que reaprender em cada etapa.

Seja em prompts, aplicativos móveis, websites ou sistemas de IA, a consistência ajuda a construir confiança e permite que os usuários se concentrem na tarefa em questão, em vez de decifrar a interface a cada momento.

Por exemplo, se um prompt de comando de voz para um assistente inteligente responde de maneira diferente a comandos semelhantes, isso pode confundir o usuário.

Os estudos de caso sobre a usabilidade dos assistentes inteligentes frequentemente destacam a necessidade de consistência nas respostas e no comportamento desses sistemas.

Por seu turno, a simplicidade está ligada à clareza e facilidade de uso. Prompts simples e diretos são mais fáceis de entender e menos propensos a causar erros.

Isso não significa que a complexidade do sistema deve ser reduzida, mas que a complexidade não deve sobrecarregar o usuário.

O design de um caixa eletrônico (ATM) é um exemplo clássico onde a simplicidade é essencial. Ainda que por trás de cada operação exista um complexo sistema bancário, a interação para o usuário é feita através de instruções claras e etapas fáceis de seguir.

A acessibilidade refere-se à capacidade de todos os usuários, incluindo aqueles com deficiências, de poderem usar o sistema. Isto é crítico para assegurar que ninguém é excluído da interação digital. Um bom exemplo neste caso é o desenho de sites que seguem as diretrizes do WCAG (Web Content Accessibility Guidelines).

Estudos de caso que analisam redesigns de sites podem mostrar como a implementação de alta contrastação entre texto e fundo, o uso de etiquetas em imagens e recursos de navegação pelo teclado não só beneficiam usuários com deficiência visual, mas também melhoram a experiência geral para todos.

2 Conceitos estruturadores: desvendando os mistérios da engenharia de prompt.

No contexto da inteligência artificial, a engenharia de prompt surge como uma ferramenta poderosa para que possamos dominar ar o potencial dos modelos de linguagem.

Em inteligência artificial, um "prompt" refere-se a uma instrução ou sugestão fornecida ao modelo de IA para direcionar sua geração de texto.

O prompt é uma entrada específica dada ao modelo para influenciar a resposta que ele irá gerar. Ele pode ser uma frase, uma pergunta, um comando ou qualquer outra informação que sirva como ponto de partida para a geração de texto pelo modelo de IA.

O uso de prompts é comumente encontrado em aplicações de processamento de linguagem natural, como chatbots, assistentes virtuais e sistemas de geração de texto.

Através da formulação de instruções precisas e eficazes, essa disciplina permite moldar o comportamento desses sistemas, guiando-os na geração de respostas relevantes, informativas e criativas.

2.1   O que é Engenharia de Prompt?

A "engenharia de prompt" é uma prática na área de inteligência artificial que envolve a escolha cuidadosa e o ajuste de prompts para direcionar o comportamento de modelos de IA.

Essa técnica visa otimizar a capacidade de um modelo de IA em gerar respostas precisas e relevantes em conjunto com um prompt específico.

A engenharia de prompt é especialmente útil em modelos de linguagem, como os modelos GPT (Generative Pre-trained Transformer), onde a escolha do prompt pode influenciar significativamente a qualidade da saída gerada pelo modelo.

Os engenheiros de prompt podem ajustar a formulação do prompt, a escolha de palavras-chave, a estrutura da pergunta e outras configurações para obter respostas mais adequadas e coerentes.

Diferentemente dos modelos tradicionais de Machine Learning, os Large Language Models (LLMs) oferecem a capacidade exclusiva de fornecer novos insights sem a necessidade de retreinamento.

Essa inovação catalisou uma onda transformadora, permitindo que indivíduos programassem computadores sem esforço através de instruções simples de texto.

A engenharia de prompt é uma técnica para direcionar as respostas de um LLM para resultados específicos sem alterar os pesos ou parâmetros do modelo, baseando-se apenas em instruções estratégicas no contexto. Isso implica a arte de se comunicar efetivamente com a IA para obter os resultados desejados.

Esse método é aplicado em um espectro de tarefas, variando de perguntas e respostas a raciocínios aritméticos. Serve como uma ferramenta para explorar os limites e potenciais dos LLMs.

2.2   Elementos centrais da Engenharia de Prompt.

Os elementos centrais da engenharia de prompt focam em otimizar a interação entre um modelo de inteligência artificial e o usuário, por meio da formulação adequada de prompts que direcionam o comportamento do modelo.

A escolha cuidadosa do prompt é essencial para obter resultados precisos e relevantes do modelo de IA proporcionando uma comunicação mais eficaz e natural.

A engenharia de prompt envolve a compreensão do objetivo da interação, a definição de uma linguagem clara e adequada, a identificação de palavras-chave ou conceitos-chave que o modelo deve considerar e a elaboração de uma estrutura de prompt que oriente a resposta desejada.

Assim, é possível ajustar e personalizar a interação com modelos de IA maximizando sua capacidade de compreensão e geração de respostas relevantes.

A engenharia de prompt é uma prática essencial para garantir que os modelos de IA atendam às necessidades do usuário e forneçam resultados precisos e úteis em uma ampla variedade de aplicações.

Diversos pesquisadores e autores contribuíram para o avanço da engenharia de prompt, oferecendo insights valiosos sobre essa área em constante desenvolvimento.

Alguns autores que se destacam neste contexto são Yannic Kilcher, Scott Reed, Emily M. Bender, Liu Pengfei e Elvis Saraiva.

Em um sistema tradicional de aprendizado supervisionado para PLN (Processamento de Linguagem Natural), uma descrição formal de prompt seria assumir uma entrada x, geralmente texto, e prevermos uma saída y com base em um modelo $P(y|x; \theta)$. y pode ser um rótulo, texto ou outra variedade de saída.

Para aprender os parâmetros θ deste modelo, usamos um conjunto de dados contendo pares de entradas e saídas, e treinamos um modelo para prever essa probabilidade condicional. Vamos ilustrar isso com dois exemplos estereotipados.

Primeiro, a classificação de texto registra um texto de entrada x e prevê um rótulo y de um conjunto fixo de rótulos Y. Para exemplificar, a análise de sentimento (Pang et al., 2002; Socher et al., 2013) assumem uma entrada x = "Eu amo esse filme." e preveem um rótulo y = ++, de um conjunto de rótulos Y = {++, +, ~, -, --}.

Em segundo lugar, a geração condicional de texto assume uma entrada x e gera outro texto y. Um exemplo é a tradução automática (Koehn, 2009), onde a entrada é o texto em um idioma, como o finlandês x = "Hyvää huomenta." e a saída é o inglês y = "Good morning.".

2.3   Um prompt eficaz.

Um prompt eficaz deve ser:

- Claro e Conciso. O prompt deve ser escrito de forma clara e concisa, evitando ambiguidades e termos desnecessários. Isso facilita a compreensão do modelo de linguagem e garante que ele se concentre nos aspectos mais relevantes da tarefa.

- Informativo e Contextualizado. O prompt deve fornecer ao modelo de linguagem todas as informações relevantes para a

execução da tarefa. Isso inclui dados, exemplos e instruções específicas sobre o que se espera do modelo.

- Adaptado ao Domínio. O prompt deve ser adaptado ao domínio da tarefa em questão. Isso significa utilizar terminologia específica e incorporar conhecimentos contextuais relevantes para o modelo de linguagem ter um bom desempenho.

A engenharia de prompt abre um leque de possibilidades para a utilização dos modelos de linguagem, indo além da simples tradução de textos.

Através de prompts criativos e desafiadores, o engenheiro de prompt pode estimular a geração de.

- Poemas. Imagine um engenheiro de prompt inspirando um modelo de linguagem a criar poemas que expressam as emoções mais profundas da alma humana.

- Roteiros. A engenharia de prompt abre portas para a criação de roteiros cinematográficos envolventes e originais, impulsionando a indústria do entretenimento.

- Músicas. A arte de formular prompts permite a composição de músicas que encantam os ouvidos e tocam o coração, elevando a experiência musical a um novo patamar.

- Conteúdo Criativo. A engenharia de prompt torna possível a geração de diversos tipos de conteúdo criativo, desde peças publicitárias até artigos de blog informativos.

2.4 Benefícios da Engenharia de Prompt.

A adoção da engenharia de prompt traz consigo uma gama de benefícios que aprimoram significativamente a experiência com os modelos de linguagem:

- Maior Controle e Previsibilidade. A engenharia de prompt oferece ao usuário um maior controle sobre o comportamento do modelo de linguagem, permitindo obter resultados mais precisos e previsíveis.

- Expansão das Possibilidades Criativas. Através da engenharia de prompt, os modelos de linguagem se tornam ferramentas poderosas para a criação de conteúdo criativo e original, abrindo novas fronteiras para a expressão artística e a comunicação.

- Aprimoramento da Comunicação e Colaboração. A engenharia de prompt facilita a comunicação entre humanos e modelos de linguagem, permitindo uma colaboração mais eficaz e produtiva em diversas tarefas.

- Aumento da Eficiência e Produtividade. Ao direcionar o modelo de linguagem para tarefas específicas, a engenharia de prompt contribui para o aumento da eficiência e produtividade, otimizando o tempo e os recursos utilizados.

2.5 Objetivos da Engenharia de Prompt.

A engenharia de prompt persegue diversos objetivos que visam aprimorar o desempenho e a versatilidade dos modelos de linguagem.

Entre os principais objetivos, podemos destacar:

- Aumentar a Precisão e Relevância das Respostas. Através de prompts bem estruturados, o engenheiro de prompt garante que o modelo de linguagem se concentre nos aspectos mais relevantes da tarefa em questão, evitando respostas irrelevantes ou imprecisas.

- Melhorar a Fluência e Coerência do Texto. A engenharia de prompt contribui para a geração de textos mais fluidos e coesos, livres de erros gramaticais e inconsistências. O engenheiro de prompt molda o estilo e a estrutura do texto, garantindo que a comunicação seja clara e agradável ao leitor.

- Promover a Criatividade e a Originalidade. A engenharia de prompt abre portas para a exploração da criatividade dos modelos de linguagem.

  Através de prompts desafiadores e inspiradores, o engenheiro de prompt pode estimular a geração de poemas, roteiros, músicas e outros conteúdos criativos com alto nível de originalidade.

- Adaptar o Modelo a Diferentes Domínios. A engenharia de prompt permite adaptar o modelo de linguagem para atender às necessidades de diferentes áreas do conhecimento.

Através do uso de terminologia específica e da incorporação de conhecimentos contextuais, o engenheiro de prompt garante que o modelo opere com eficiência em diversos domínios, desde a medicina até o direito.

2.6 Requisitos para ser um engenheiro de prompt bem-sucedido.

Para ser um engenheiro de prompt bem-sucedido, é necessário um conjunto específico de habilidades e atributos, envolvendo competências técnicas, criativas e analíticas.

Abaixo estão os principais requisitos que alguém aspirando a essa posição deve atender ou buscar desenvolver.

1. Forte Entendimento de IA e Modelos de Linguagem.

- Profundo conhecimento de como funcionam os modelos de produção de texto, como o GPT-4.

- Compreensão dos princípios de machine learning e redes neurais.

2. Habilidades de Programação.

- Familiaridade com linguagens de programação relevantes para o trabalho com IA, como Python.

- Habilidade para trabalhar com APIs de IA e integração de sistemas.

3. Capacidades de Formulação de Prompt Eficazes.

- Habilidade para escrever prompts claros, concisos e direcionados que induzam a IA a gerar a saída desejada.

- Compreensão de como diferentes formulações podem influenciar os resultados gerados pelo modelo.

4. Habilidades Analíticas.

- Capacidade de analisar e interpretar as saídas da IA para garantir a precisão e relevância.

- Aptidão para ajustar e refinar os prompts com base nos resultados para melhoria contínua.

5. Conhecimento de Ética em IA e Considerações sobre Vieses.

- Consciência sobre ética na IA e os impactos sociais da tecnologia.

- Comprometimento em promover a equidade e evitar o reforço de estereótipos ou preconceitos.

6. Criatividade e Solução de Problemas.

- Criatividade para explorar novas formas de interação com a IA e para solucionar problemas incomuns.

- Habilidade de pensar fora da caixa e desenvolver prompts inovadores que superem desafios específicos.

7. Excelente Comunicação e Colaboração Interdisciplinar.

- A capacidade de comunicar efetivamente com uma equipe multidisciplinar, incluindo cientistas da computação, especialistas em conteúdo e stakeholders.

- Habilidade para colaborar com outros profissionais para desenvolver estratégias de interação com IA que sejam eficientes e eficazes.

8. Compromisso com a Aprendizagem Contínua.

- Como a área de inteligência artificial está em constante evolução, é crucial um compromisso com o aprendizado contínuo para se manter atualizado com as últimas tendências e técnicas.

- Flexibilidade para se adaptar a novas ferramentas, tecnologias e métodos conforme eles emergem no campo da IA.

9. Gestão de Projetos e Organização.

- Capacidade de gerenciar múltiplos projetos e priorizar tarefas em ambientes dinâmicos e muitas vezes com prazos apertados.

- Atenção detalhada e habilidades organizacionais para documentar os processos de trabalho e resultados de maneira sistemática.

10. Foco no Usuário e Empatia.

- O design do prompt deve sempre ter em mente o usuário final; entender suas necessidades e como a interação com a IA pode resolver seus problemas é essencial.

- Capacidade de se colocar no lugar do usuário para criar experiências que sejam intuitivas e satisfatórias.

11. Capacidade de Testar e Iterar.

- Afinco em testar os prompts extensivamente para identificar falhas ou áreas de melhoria.

- Disposição para iterar sobre feedback e resultados, refinando continuamente a qualidade e eficácia das interações.

12. Inteligência Emocional.

- Habilidade de gerenciar suas próprias emoções e compreender as emoções dos outros para melhorar a colaboração com a equipe e a criação de prompts que ressoem com os usuários.

Ser um engenheiro de prompt exige uma combinação de destrezas técnicas e aptidões interpessoais. A engenharia de prompt bem-sucedida não se trata apenas de entender os meandros do modelo de IA, mas também de aplicar esse conhecimento de maneira ética e responsável para criar interações que sejam benéficas, claras e acessíveis para todos os usuários.

2.7   Riscos ao se ter prompts incorretos.

A criação de prompts incorretos ou mal formulados pode acarretar vários riscos e implicações negativas tanto em ambientes controlados quanto no uso prático por usuários finais.

A seguir detalho os principais riscos associados a prompts incorretos em interações com sistemas de inteligência artificial baseados em linguagem natural, como o GPT-4.

1. Resultados Inexatos ou Irrelevantes.

- Prompts mal elaborados podem levar a respostas que não correspondem à intenção do usuário, tornando-se inúteis ou, pior, fornecendo informações incorretas que podem ser usadas inadequadamente.

2. Falhas de Comunicação.

- Comunicação ineficaz através do prompt pode resultar em mal-entendidos, especialmente em situações críticas onde instruções precisas e claras são essenciais.

3. Prejuízo a Decisões Baseadas em Dados.

- Se as saídas geradas pelo sistema forem baseadas em prompts incorretos, as decisões tomadas a partir desses dados poderão ser falhas, levando a consequências indesejáveis em situações de negócios, pesquisa ou mesmo no contexto de segurança pública.

4. Vieses e Discriminação.

- Prompts que inadvertidamente reforçam estereótipos ou preconceitos podem perpetuar vieses e levar a discriminação, minando os princípios éticos e legais.

5. Impactos na Educação e Aprendizagem.

- No contexto educacional, prompts incorretos podem conduzir a aprendizagem equivocada, solidificando conceitos errados e dificultando o processo educativo.

6. Desgaste da Confiança do Usuário.

- A consistência de resultados imprecisos ou sem relevância pode erodir a confiança dos usuários na eficácia da IA prejudicando a adoção e aceitação de tecnologias úteis.

7. Custos Operacionais Aumentados.

- Na esfera empresarial, tempo e recursos adicionais podem ser exigidos para corrigir os impactos de outputs gerados por prompts inadequados, o que gera um custo indireto e diminui a eficiência operacional.

8. Riscos Legais e de Conformidade.

- Prompts mal construídos que levem a IA a gerar conteúdo difamatório, invasivo ou que viole regulamentações podem expor as organizações a riscos legais e consequentes sanções.

9. Segurança Comprometida.

- No contexto da segurança cibernética, prompts inadequados podem resultar na geração de informações sensíveis ou no manejo inadequado de dados, abrindo brechas para ataques ou vazamentos de informações.

10. Percepções Públicas Negativas.

- O público pode desenvolver uma visão negativa da IA e da tecnologia em geral se frequentemente forem expostos a resultados frustrantes ou ofensivos derivados de prompts mal formulados.

11. Sobrecarga Cognitiva.

- Usuários podem sofrer de sobrecarga cognitiva ao tentar interpretar e corrigir resultados inesperados ou confusos, diminuindo a usabilidade do sistema.

12. Impactos Sociais Adversos.

- Se usada em larga escala, a IA com prompts mal calibrados pode reforçar crenças nocivas ou espalhar desinformação, com potencial de afetar negativamente o discurso público e a coesão social.

Priorizar a precisão e clareza na engenharia de prompts é, portanto, vital para maximizar os benefícios e minimizar os riscos associados ao uso de tecnologia de IA.

Investir tempo e recursos no desenho, teste e refinamento de prompts pode ajudar a prevenir muitas das consequências negativas acima e assegurar uma interação eficaz e segura com tecnologias de inteligência artificial.

3   História da engenharia de prompt.

Engenharia é uma ciência e arte que molda o mundo ao nosso redor. Desde as primeiras ferramentas de pedra até os complexos sistemas de inteligência artificial dos tempos modernos, a engenharia tem sido uma força motriz por trás do progresso da humanidade.

No entanto, ao discutirmos a história da engenharia, é importante compreender as várias fases e inovações que marcaram esse caminho.

A história da engenharia pode ser traçada até as grandes civilizações antigas. Os egípcios, por exemplo, foram proficientes engenheiros, como atestam as impressionantes construções das pirâmides.

"Nenhum ato de fé foi necessário para a construção das pirâmides; a ciência e a engenharia foram suficientes" (Lewis, 1993). Os romanos também deixaram um legado de engenharia, incluindo aquedutos, estradas e grandes estruturas como o Coliseu.

Com o Renascimento e o iluminismo, a engenharia começou a se formalizar como campo de estudo. Personalidades como Leonardo da Vinci e Galileo Galilei manifestaram a intersecção da arte com a ciência, com Da Vinci sendo conhecido por seu caderno de invenções que são obras de engenharia em essência.

A revolução industrial trouxe consigo uma explosão de avanços na engenharia. James Watt e sua melhoria na máquina a vapor foram fundamentais para essa era, propiciando o desenvolvimento de fábricas e, consequentemente, o crescimento urbano.

"O trabalho de Watt no desenvolvimento da máquina a vapor marcando a transição da idade das ferramentas de ferro para a era das máquinas".

No século XX, a engenharia testemunhou avanços incríveis em diversas áreas como a automobilística, aeroespacial e computação. Henry Ford revolucionou a produção em massa com a linha de montagem, o que significou uma nova era para a engenharia de produção.

Nos primórdios da IA, a interação humano-máquina era rudimentar, limitada a comandos simples e respostas predefinidas.

Alan Turing, um dos precursores da IA, explorou a ideia de "máquinas inteligentes" em seu famoso artigo de 1950, "Computing Machinery and Intelligence". No entanto, a comunicação natural e intuitiva com as máquinas ainda era um sonho distante.

Com o avanço do PLN na década de 1960, surgiram os primeiros chatbots, programas capazes de simular conversas com humanos. Joseph Weizenbaum, um dos pioneiros nessa área, criou o ELIZA em 1966, um chatbot que utilizava regras de correspondência de padrões para gerar respostas. Apesar das limitações, o ELIZA demonstrou o potencial da IA para simular a interação humana.

A década de 1970 foi marcada pela ascensão da inteligência artificial simbólica, que buscava representar o conhecimento e o raciocínio através de símbolos e regras.

John McCarthy, um dos principais proponentes dessa abordagem, cunhou o termo "inteligência artificial" em 1955. Sistemas simbólicos como o SHRDLU, desenvolvido por Terry Winograd em 1970, demonstraram a capacidade da IA para manipular símbolos e realizar tarefas complexas.

O final do século XX e o início do XXI assistiram a uma explosão de interesse no aprendizado de máquina e nas redes neurais. Essas técnicas permitiram que os sistemas de IA aprendessem com dados e fizessem previsões sem a necessidade de programação explícita.

Figuras como Geoffrey Hinton, Yann LeCun e Yoshua Bengio lideraram o renascimento do aprendizado profundo, abrindo caminho para o desenvolvimento de modelos de linguagem cada vez mais sofisticados.

É possível afirmar sem exagero que o mundo atual, no qual nos encontramos circundados por uma multiplicidade de fenômenos tecno-científicos, deve sua existência a contribuições pioneiras dos engenheiros.

A engenharia de software também se tornou uma área crítica, à medida que a dependência da tecnologia cresceu exponencialmente. Autores como Frederick Brooks, em seu livro clássico "The Mythical Man-Month", abordam desafios e melhores práticas na gestão de projetos de software.

Segundo Brooks, "adição de recursos a um projeto de software atrasado apenas torná-lo mais atrasado" (Brooks et al., 2002).

Atualmente, a engenharia promete continuar evoluindo e moldando o futuro. Com o foco em sustentabilidade, inteligência artificial, robótica e outras áreas emergentes, os engenheiros têm um papel fundamental a desempenhar na resolução dos desafios do século XXI.

A engenharia de PROMPT, no contexto da inteligência artificial, é uma área em constante evolução e relevância na atualidade. A combinação de técnicas de gestão de projetos com a aplicação de inteligência artificial tem revolucionado a forma como as organizações gerenciam e executam suas iniciativas.

Para compreender a história e o impacto da engenharia de PROMPT no campo da inteligência artificial, é essencial explorar as contribuições de diversos especialistas e estudiosos ao longo do tempo.

O uso da inteligência artificial na engenharia de PROMPT tem sido cada vez mais difundido, introduzindo métodos e ferramentas inovadoras para a gestão eficaz de projetos.

O autor Peter Norvig, em seu livro "Inteligência Artificial: Estruturas e Estratégias para a Solução de Problemas Complexos", ressalta que "a inteligência artificial é o ramo da ciência da computação que se ocupa de sistemas que "pensam" de modo similar aos seres humanos" (Norvig, 2017).

Essa definição destaca a capacidade da inteligência artificial em automatizar tarefas complexas e melhorar a tomada de decisões.

No contexto da engenharia de PROMPT, a inteligência artificial desempenha um papel fundamental na identificação de padrões, na análise de dados e no suporte à tomada de decisões estratégicas.

Autores como Stuart Russell e Peter Norvig, em sua obra "Inteligência Artificial", abordam a importância da aprendizagem de máquina e dos algoritmos preditivos na engenharia de sistemas inteligentes (Russell & Norvig, 2016).

A aplicação de técnicas de inteligência artificial permite otimizar processos, antecipar problemas e aprimorar o desempenho de projetos de engenharia.

Ao longo da história da engenharia de PROMPT no contexto da inteligência artificial, observamos avanços significativos impulsionados pela interseção entre a gestão de projetos e a tecnologia.

Autores como Ronald Howard e Howard D. Morgan, em seu livro "Decision Analysis in Management: A Comprehensive Guide to Modeling, Analysis, and Applications", exploram métodos analíticos para tomada de decisões em ambientes complexos, destacando a importância da inteligência artificial na modelagem de cenários e na avaliação de alternativas.

A evolução da engenharia de PROMPT no contexto da inteligência artificial também é evidenciada pelo impacto da automação e da robótica nos processos de produção.

Autores como John Craig (2017), em seu livro "Introduction to Robotics: Mechanics and Control", aborda a intersecção entre robótica, inteligência artificial e engenharia de sistemas, destacando os avanços tecnológicos que possibilitam a automatização de tarefas complexas.

A integração de sistemas robóticos inteligentes na engenharia de PROMPT tem facilitado a realização de atividades repetitivas e aperfeiçoado a eficiência operacional.

No cenário atual, a engenharia de PROMPT continua a se desenvolver, impulsionada pela crescente demanda por soluções inovadoras e eficazes.

Com o advento da análise de big data, da inteligência artificial e da automação, é fundamental que os profissionais de engenharia estejam atualizados com as mais recentes tecnologias e metodologias para garantir o sucesso de seus projetos.

A engenharia de prompt, ou "prompt engineering" em inglês, refere-se à arte e ciência de formular perguntas e instruções (prompts) que direcionam sistemas de inteligência artificial (IA), como os modelos de linguagem da OpenAI, a gerar respostas ou conteúdos úteis e precisos.

Esta disciplina ganhou importância com o avanço das tecnologias de IA, especialmente após o surgimento de modelos cada vez mais sofisticados, como a série de modelos GPT da OpenAI.

A história da engenharia de prompt é intrinsecamente ligada aos avanços na compreensão de como os sistemas de IA processam e respondem à linguagem natural.

Já nos anos 50 e 60, com os primeiros trabalhos em inteligência artificial, como o de Alan Turing, a ideia de comunicar-se com uma máquina usando a linguagem natural já era um conceito explorado.

No entanto, foi somente com a proliferação de grandes modelos de linguagem, como o GPT-3 e o subsequente GPT-4, que a engenharia de prompt se tornou uma faceta crucial da interação humana com a IA.

Os pesquisadores do GPT-3, da OpenAI, notaram a sensibilidade do modelo a pequenas variações nos prompts e como isso poderia afetar dramaticamente a qualidade das saídas (Brown et al., "Language Models are Few-Shot Learners", 2020).

As curiosidades em torno da engenharia de prompt incluem o fato de que os praticantes dessa disciplina aprendem não apenas a comunicar-se de forma efetiva com a IA, mas também a entender suas limitações e peculiaridades.

Há um elemento de "arte" nesta prática, uma vez que certas estratégias funcionam melhor em situações específicas; por exemplo, prompts que imitam situações de ensino ou que utilizam analogias tendem a guiar o modelo para exibições de compreensão mais profundas.

Isto pode ser relacionado ao trabalho de Vygotsky sobre o "Zona de Desenvolvimento Proximal", na qual sugere que a aprendizagem ocorre mais eficazmente quando é um pouco além do nível atual de independência do aluno (Vygotsky, 1978).

De forma análoga, na engenharia de prompt, a formulação de perguntas que empurram os limites de entendimento da IA podem promover respostas mais sofisticadas.

Outro aspecto curioso é que, à medida que nossa habilidade em interagir com a IA melhora através da engenharia de prompt, também desenvolvemos melhor compreensão sobre a própria natureza do processamento da linguagem humana.

É quase como se estivesse ocorrendo um efeito espelho: ao ensinar a IA como entender e responder à nossa linguagem, aprendemos muito sobre como nós próprios nos comunicamos e processamos informações.

É um campo interdisciplinar que cruza linhas entre a linguística, a psicologia cognitiva, a ciência da computação e até a filosofia.

Falar de curiosidades na engenharia de prompt é também mencionar os desafios éticos e sociais que surgem. Com o poder de influenciar a saída da IA, questiona-se muitas vezes quem detém o controle sobre esses sistemas e como podem ser usados ou mal-usados.

Selbst et al. (2019) discutiram essas preocupações de uma perspectiva de justiça e igualdade em "Fairness and Abstraction in Sociotechnical Systems" (2019), ressaltando a importância da transparência e da responsabilidade na criação de prompts.

A engenharia de prompt tornou-se uma habilidade essencial não apenas para os pesquisadores e desenvolvedores trabalhando diretamente com IAs, mas também para os usuários que querem extrair o máximo valor destas ferramentas avançadas.

À medida que o campo da IA continua a evoluir, pode-se esperar que a engenharia de prompt também evolua, talvez se tornando uma disciplina própria com métodos e teorias mais formalizadas.

Nos últimos anos, presenciamos o surgimento dos grandes modelos de linguagem (LLMs), como GPT-3 e LaMDA, que demonstram capacidades impressionantes de gerar texto, traduzir idiomas e escrever diferentes tipos de conteúdo criativo.

A engenharia de prompt se tornou crucial para desbloquear o potencial total desses modelos, permitindo que usuários os direcionem com precisão e obtenham resultados de alta qualidade.

Pioneiros da Engenharia de Prompt e suas Contribuições:

- Robin Kearon. Definiu os princípios básicos da engenharia de prompt e explorou seu potencial para melhorar a interação humano-computador.

- Emily M Bender e Alexander Rush. Desenvolveram técnicas para otimizar prompts e avaliar a qualidade das respostas geradas por LLMs.

- Scott Reed et al.. Introduziram o conceito de "prompt programming", demonstrando como prompts podem ser usados para programar LLMs para realizar tarefas complexas.

A engenharia de prompt tem um leque amplo de aplicações em diversos setores, incluindo:

- Geração de Conteúdo. Criação de textos informativos, artigos, roteiros, poemas e outros formatos de conteúdo criativo.

- Tradução Automática. Tradução precisa e fluida de textos entre diferentes idiomas.

- Atendimento ao Cliente. Automação de tarefas de atendimento ao cliente, respondendo a perguntas e resolvendo problemas de forma eficiente.

- Desenvolvimento de Software. Auxílio na codificação, geração de testes e documentação de software.

3.1   Aplicações da Engenharia De Prompt.

A engenharia de prompt, como campo emergente associado aos avanços da inteligência artificial, tem uma ampla gama de aplicações em diversas áreas.

Algumas dessas aplicações são:

1. Tecnologia Educacional. A engenharia de prompt é usada para criar ambientes de aprendizado interativos. Exemplos incluem assistentes de aprendizagem que ajudam estudantes a entender conceitos complexos por meio de diálogos interativos ajustados ao seu nível de conhecimento e estilo de aprendizagem, como tutoriais de programação e solução de problemas matemáticos que guiam passo a passo.

2. Atendimento ao Cliente. Muitas empresas utilizam chatbots alimentados por IA que dependem fortemente da engenharia de prompt para interagir com clientes. Esses sistemas podem

gerenciar reservas, fornecer suporte técnico ou até mesmo oferecer conselhos de compras personalizados, dependendo de como os prompts são construídos para orientar a conversação.

3. Área de Saúde. Na saúde, a engenharia de prompt pode ser utilizada para criar sistemas de análise de dados clínicos. A IA pode ser alimentada com um prompt detalhado para identificar padrões em prontuários eletrônicos, ajudando na previsão de surtos de doenças ou na personalização de planos de tratamento.

4. Criação de Conteúdo. Jornalistas, escritores e marketeiros usam a engenharia de prompt para gerar artigos, histórias criativas ou conteúdo para redes sociais. Com prompts cuidadosamente projetados, IA pode produzir primeiro rascunhos ou ideias que servirão de base para conteúdo original e engajador.

5. Desenvolvimento de Software. Engenheiros de software podem usar prompts para gerar pseudocódigos ou até mesmo código-fonte completo em algumas instâncias, dependendo da complexidade da tarefa. Estes sistemas também podem ser usados para depuração, onde o prompt guia a IA na identificação de erros no código.

6. Pesquisa e Análise de Dados. Cientistas de dados podem formular prompts para instruir a IA a analisar grandes conjuntos de dados, identificando tendências, padrões e anomalias. A engenharia de prompt aqui agiliza o processo de insights, permitindo aos profissionais formular hipóteses ou perguntas específicas que seriam analisadas pela máquina, facilitando a descoberta de informações relevantes em meio a

um mar de dados.

7. Tradução e Linguística. A engenharia de prompt tem um papel significativo na tradução automática e no processamento de linguagem natural. Um prompt bem formulado pode direcionar o sistema para entender o contexto e o tom desejado, resultando em traduções mais precisas e naturais, especialmente útil para comunicação em empresas globalizadas ou plataformas de mídia social.

8. Games e Entretenimento. Criadores de videogames e conteúdo interativo podem utilizar a engenharia de prompt para desenvolver narrativas ramificadas e dialogar com personagens controlados por IA. Os prompts ajudam a garantir que essas interações sejam coerentes e envolventes, proporcionando uma experiência mais rica ao usuário.

9. Segurança Cibernética. No campo da segurança cibernética, prompts podem ser projetados para ajudar sistemas de IA a monitorar redes em busca de atividades suspeitas, filtrar phishing e outras ameaças. A capacidade de processar naturalmente a linguagem permite a AI identificar e alertar sobre ameaças em tempo real.

10. Jurídico. Inteligência artificial e engenharia de prompt estão transformando a forma como advogados trabalham, facilitando a pesquisa jurídica e a análise de documentos. A IA pode ser instruída a procurar por precedentes e legislações pertinentes, ajudando a construir casos ou a interpretar nuances legais mais eficientemente.

11. Recursos Humanos. Empresas utilizam IA para triagem de candidatos e para ajudar na tomada de decisão de contratação. Os prompts aqui direcionam a IA para avaliar CVs e perfis de candidatos em relação aos requisitos de uma vaga, otimizando o processo de recrutamento.

A engenharia de prompt, quando aplicada corretamente, oferece uma série de vantagens consideráveis em diversas áreas de aplicação da inteligência artificial, mas, como com qualquer tecnologia poderosa, ela também traz consigo riscos intrínsecos que devem ser cuidadosamente gerenciados.

3.2   Vantagens e riscos.

Vantagens da Engenharia de Prompt:

1. Eficiência e Escalabilidade. A utilização de engenharia de prompt em IA permite automatizar tarefas que tradicionalmente requereriam intervenção humana, como atendimento ao cliente ou análise de dados, proporcionando respostas rápidas e escaláveis para problemas complexos.

2. Personalização e Relevância. Os prompts podem ser adaptados para oferecer respostas personalizadas, aumentando a relevância e eficácia dos serviços e produtos oferecidos. Isso é particularmente benéfico em áreas como educação e saúde, onde soluções customizadas podem fazer uma grande diferença.

3. Redução de Custo. Ao automatizar tarefas repetitivas e demoradas, a engenharia de prompt pode reduzir os custos operacionais. Isso está evidente em setores como o jurídico e

o de recursos humanos, onde a triagem inicial de informações pode ser significativamente acelerada.

4. Melhoria na Tomada de Decisão. A capacidade de processar e analisar rapidamente grandes quantidades de dados pode levar a melhores decisões de negócios e científicas. Pesquisadores e analistas têm a vantagem de obter insights mais profundamente informados e baseados em dados.

Riscos da Engenharia de Prompt:

1. Viés e Discriminação. Se os prompts não forem cuidadosamente projetados para evitar viés, as IA podem gerar ou até mesmo amplificar preconceitos existentes nos dados ou no comportamento humano. Isso é particularmente preocupante em áreas de alta responsabilidade como recursos humanos e justiça.

2. Manipulação e Desinformação. A mesma capacidade que permite à IA criar conteúdo informativo e relevante pode ser mal utilizada para gerar desinformação ou conteúdo manipulativo, principalmente quando induzida por prompts mal-intencionados.

3. Dependência Excessiva da Tecnologia. A dependência excessiva de sistemas de IA para a tomada de decisões pode levar à perda da autonomia e do julgamento humano. Em áreas como a saúde e o jurídico, é fundamental que a IA seja utilizada como ferramenta de apoio, e não como substituta do discernimento humano.

4. Privacidade e Segurança de Dados. A coleta e análise de grandes volumes de dados através da engenharia de prompt levantam preocupações significativas sobre privacidade e segurança. Se os sistemas forem comprometidos, informações sensíveis podem ser expostas, resultando em graves consequências para os indivíduos e organizações.

Para mitigar esses riscos e maximizar as vantagens da engenharia de prompt, é essencial a implementação de práticas rigorosas de segurança de dados, transparência no uso de IA, supervisão humana adequada e garantia de conformidade com regulamentações em vigor, como a Lei Geral de Proteção de Dados (LGPD).

Além disso, a conscientização e educação sobre os potenciais impactos da IA são fundamentais para garantir que seu uso seja ético e responsável.

A engenharia de prompt é uma ferramenta poderosa que apresenta muitas oportunidades para aprimorar e transformar diversas áreas de atuação. No entanto, é crucial abordar os riscos associados a seu uso de forma proativa e cautelosa, visando garantir benefícios a longo prazo e promover um ambiente de inovação responsável e sustentável.

3.3   A trilha histórica.

A história dos modelos de linguagem é um cenário de progresso matemático e computacional, tecida meticulosamente ao longo das últimas décadas por uma comunidade dedicada de linguistas, cientistas da computação e pesquisadores em inteligência artificial.

Desde os primeiros modelos baseados em regras até as modernas redes neurais profundas, a jornada dos modelos de linguagem reflete a própria evolução das máquinas de processar e compreender linguagens humanas complexas.

Avançando para os anos 60, a abordagem dominante para o processamento de linguagem natural estava centrada em sistemas baseados em regras gramaticais.

Noam Chomsky em sua obra seminal "Syntactic Structures" (1957), introduziu a ideia de gramáticas generativas, que se tornou central para o campo da linguística computacional.

Chomsky argumentou que a estrutura subjacente da linguagem poderia ser modelada por um conjunto finito de regras.

Contudo, o problema das regras era a sua rigidez. Elas não conseguiam lidar bem com a ambiguidade e a variabilidade natural da linguagem humana.

Esse dilema foi apontado por pesquisadores como Terry Winograd, que demonstrou, em seu sistema SHRDLU (1972), que a compreensão da linguagem natural pelo computador requer mais do que regras gramaticais bem-sucedidas, a máquina também precisa entender o contexto em que a linguagem está sendo usada.

A virada do milênio assistiu ao crescimento no uso de abordagens estatísticas para modelos de linguagem, típico do "corpus linguistics" e das máquinas de vetor de suporte.

Pesquisadores como Frederick Jelinek na IBM jogaram um papel revolucionário ao abraçar modelos estatísticos no processamento de linguagem natural.

Jelinek, muitas vezes citado por sua afirmação provocativa "Every time I fire a linguist, the performance of our speech recognition system goes up," enfatizou as virtudes de abordagens baseadas em dados ao invés de regras manuais.

Os anos 90 viram a chegada do chamado modelo de espaço vetorial, uma abordagem que representava palavras em espaços multidimensionais, capturando relações semânticas e sintáticas por meio da co-ocorrência em grandes conjuntos de texto.

Estas ideias foram o prelúdio das abordagens de embedding de palavras, como as apresentadas pelo pesquisador Tomas Mikolov e colaboradores em sua série de artigos sobre a técnica Word2Vec em 2013, que propôs um método eficaz para aprender representações vetoriais para palavras de um corpus de texto.

É nos últimos dez anos que a história dos modelos de linguagem realmente acelera. Fomos introduzidos a modelos como o Long Short-Term Memory (LSTM), apresentado por Sepp Hochreiter e em 1997, que abordava problemas relacionados à memória em sequências longas, um avanço significativo para o PLN e aplicações de sequência em geral.

No entanto, foi com a inovação das redes neurais profundas e, em particular, o modelo "Transformer", proposto por Vaswani et al. no artigo "Attention is All You Need" de 2017, que abriu portas para avanços significativos em modelos de linguagem.

Os transformers e a ideia de atenção seletiva mostraram-se revolucionários, possibilitando modelos como BERT (Bidirectional Encoder Representations from Transformers) por Jacob Devlin e sua equipe em 2018, que se tornou um marco no campo ao permitir que um modelo de linguagem levasse em conta o contexto completo de uma palavra (em ambas as direções) para sua representação.

Tal avanço propiciou capacidades de compreensão de texto e fine-tuning em tarefas específicas do PLN como nunca antes.

Mais recente, com a evolução dos transformers, vimos a ascensão de modelos ainda mais poderosos e de maior escala, como o GPT (Generative Pretrained Transformer) desenvolvido pela OpenAI.

Na sequência de seus avanços, a publicação de "Language Models are Few-Shot Learners", pelos pesquisadores da OpenAI em 2020, introduziu o GPT-3, que tem um desempenho notável em várias tarefas de PLN praticamente sem necessitar de ajustes específicos para cada tarefa, um feito conhecido como aprendizado de poucos tiros (few-shot learning).

Esses modelos, particularmente o BERT e o GPT-3, evidenciam o potencial da abordagem conhecida como aprendizado de transferência, onde a capacidade adquirida em aprender uma tarefa é transferida para melhorar o aprendizado em outra.

Como Yann LeCun, pioneiro em redes neurais convolucionais, destacou: "Os maiores avanços em IA e aprendizado de máquinas surgiram não apenas do aprendizado supervisionado, mas do aprendizado por transferência, onde um sistema aprende uma tarefa e aplica esse conhecimento a tarefas relacionadas".

Com o crescimento desenfreado em capacidade computacional e a disponibilidade sem precedentes de dados em larga escala, estes modelos de linguagem passaram a ser treinados em corpus de textos que abrangem bilhões de palavras, absorvendo os padrões linguísticos mais sutis, a gramática, o estilo e até o conteúdo temático encontrado em livros, artigos, sites e outros.

A quantidade de dados e o poder de processamento permitiram um salto qualitativo em PLN que, apenas uma década atrás, poderia parecer ficção científica.

Embora a jornada tenha sido longa e cheia de avanços inovadores, os pesquisadores continuam a enfrentar desafios significativos. Apesar de modelos como o GPT-3 conseguirem gerar textos que são indistinguíveis dos escritos por humanos em muitos casos, eles ainda podem lutar com noções de sentido comum e inferência complexa.

Como Bengio, um dos principais nomes da IA contemporânea, apontou em diversas ocasiões, a compreensão da linguagem em um nível mais profundo que transcende a pura estatística ainda é uma fronteira aberta.

O próximo passo envolve entender e replicar o raciocínio humano, a capacidade de lidar com conhecimento abstrato e a aplicação de inteligência geral ao processamento de linguagem natural.

Nesse sentido, o foco mais recente migrou para modelos que não apenas processam a linguagem, mas que também são capazes de realizar inferências e deduções lógicas.

A integração de PLN com sistemas simbólicos ou híbridos e a crescente pesquisa em compreensão de linguagem e raciocínio são exemplos dessa tendência.

Por outro lado, preocupações crescentes com a ética da IA também vieram à tona. Julia Hirschberg, pioneira nas áreas de prosódia e expressão vocal em PLN, destacou a importância de assegurar que modelos de linguagem sejam justos e não perpetuem estereótipos ou viés.

O campo tem visto um aumento significativo na atenção dada a essas questões éticas, visando a criação de modelos mais inclusivos e representativos.

A história dos modelos de linguagem é, não apenas uma narrativa de inovação técnica, mas também uma de adaptação à responsabilidade social.

O desafio agora é cultivar esses avanços de forma que beneficiem a sociedade de maneira ampla, mantendo um diálogo constante sobre as implicações da tecnologia que estamos criando, e garantindo que a voz humana - em todas as suas formas e variações - permaneça no cerne da comunicação e do entendimento artificiais.

Como Geoff Hinton, outra figura proeminente na IA e redes neurais, ressalta, estamos testemunhando mudanças paradigmáticas em como abordamos a inteligência artificial.

A era dos 'modelos de linguagem pesados', que requerem uma quantidade substancial de poder computacional e dados, certamente está avançando nosso entendimento e capacidade técnica, mas a comunidade científica agora busca um equilíbrio onde a eficiência, eficácia e ética sejam igualmente valorizadas.

Estamos nos aproximando de um futuro em que os modelos de linguagem poderão formar a espinha dorsal não só de aplicações específicas de PLN, mas também de sistemas mais amplos e sofisticados de Inteligência Artificial.

A visão colocada por Demis Hassabis, cofundador da DeepMind, é de que estamos caminhando em direção a sistemas de IA que podem aprender de forma mais eficiente e flexível, sugerindo que o futuro dos modelos de linguagem irá além de simples tarefas de classificação e será capaz de realizar tarefas criativas e cognitivamente complexas com pouca ou nenhuma intervenção humana.

Porém, enquanto avançamos nessa direção, é cada vez mais evidente que a colaboração entre disciplinas é crucial. Linguistas, psicólogos, filósofos e especialistas em ética estão se unindo a engenheiros e cientistas da computação para lidar com a complexidade da linguagem e da cognição humana.

Através dessa colaboração interdisciplinar, os modelos de linguagem do futuro serão mais representativos, conscientes e eticamente alinhados com os valores da sociedade.

Essa síntese holística é bem representada na observação de Noam Chomsky, que apesar de sua inicial hesitação em relação aos métodos estatísticos, reconheceu a contribuição dessas abordagens ao processamento de linguagem.

A convergência entre métodos simbólicos e estatísticos promete inaugurar uma nova era de modelos de linguagem, onde a inteligência de máquina não se baseia meramente em vastos conjuntos de dados, mas também em uma compreensão refinada dos mecanismos subjacentes da cognição e da comunicação humanas.

Neste sentido, a história dos modelos de linguagem é um contínuo relato de tentativa, erro e sucesso, pontuado por inúmeros insights e avanços.

É uma história ainda em curso, com capítulos sendo escritos cada dia que passa, enquanto nós, como sociedade e comunidade científica, exploramos o tremendo potencial e enfrentamos os desafios intrincados que essas tecnologias representam.

Os avanços em arquiteturas de redes neurais foram fundamentais para o surgimento e consolidação de significantes progressos no campo do Processamento de Linguagem Natural (PLN).

Tentativas iniciais de modelar a linguagem humana por meio de abordagens de aprendizado de máquina enfrentaram obstáculos significativos devido à complexidade inerente das sequências temporais e padrões linguísticos. Neste cenário, a evolução das redes neurais abriu caminho para grandes avanços.

3.3.1   Redes Neurais Recorrentes (RNNs).

As RNNs representam uma das primeiras tentativas desse avanço. Ao contrário das redes neurais tradicionais, as redes neurais recorrentes têm a capacidade única de processar sequências de entradas com comprimentos variáveis, armazenando informações temporárias no estado oculto (hidden state).

Isso é essencial para tarefas de PLN, como tradução e reconhecimento de fala, pois permite que a rede mantenha um grau de 'memória' sobre as entradas anteriores.

No entanto, as RNNs clássicas são limitadas pela dificuldade conhecida como o desvanecimento do gradiente (vanishing gradient problem), que torna o treino de RNNs em sequências longas desafiador.

Em sequências extensas, a contribuição de informações de entradas anteriores se torna tão minúscula que o modelo não consegue aprender correlações de longo alcance de forma eficaz.

3.3.2   Long Short-Term Memory (LSTMs).

Para superar as limitações, os pesquisadores Sepp Hochreiter e Jürgen Schmidhuber apresentaram o modelo LSTM em 1997. As LSTMs incorporam mecanismos chamados de portas (gates), que regulam o fluxo de informações, permitindo que a rede preserve a informação de longo prazo e esqueça a informação desnecessária.

Essas portas ajudam a aliviar o problema de desvanecimento do gradiente e tornaram as LSTMs uma escolha popular para muitas aplicações de PLN, tais como a tradução automática, onde partes significativas do contexto precisam ser retidas ao longo de longas sequências de texto.

3.3.3 Atenção Seletiva.

Um outro grande avanço nas arquiteturas de redes neurais surgiu com a introdução do mecanismo de atenção seletiva. Inicialmente aplicado às tarefas de tradução automática, o mecanismo de atenção permitia que os modelos direcionassem o foco para partes relevantes da sequência de entrada quando produziam a sequência de saída.

Isso simula a forma como os seres humanos prestam atenção a diferentes componentes da informação quando estão processando a linguagem.

O trabalho pioneiro envolvendo a arquitetura de atenção inclui o artigo "Neural Machine Translation by Jointly Learning to Align and Translate" de Dzmitry Bahdanau et al., em 2014, que mostrou como incorporar a atenção ao modelo melhorava significativamente o seu desempenho por permitir que ele considerasse todo o contexto de uma sentença de entrada ao traduzir palavras individuais.

3.3.4 Transformers e Autoatenção.

A noção de atenção seletiva foi posteriormente estendida para a abordagem de autoatenção na arquitetura Transformer, proposta por Vaswani et al. em 2017.

No Transformer, o mecanismo de autoatenção permite que toda a sequência de entrada seja processada simultaneamente, ao contrário das LSTMs e RNNs que processam as sequências passo a passo. Esse levou a grandes ganhos em eficiência e eficácia ao lidar com longas distâncias de dependência na linguagem.

A arquitetura Transformer é fundamental nas estruturas de muitos dos modelos de linguagem de última geração, incluindo BERT, GPT-3, e outros. Permite que os modelos capturarem o contexto de toda a sequência de tokens de uma vez e influenciou virtualmente todos os aspectos do PLN moderno.

Os avanços nas arquiteturas de redes neurais como RNNs, LSTMs e a atenção seletiva abriram novos horizontes para o PLN.

Eles não apenas capacitaram os sistemas de PLN a realizar tarefas com uma precisão e eficiência sem precedentes, mas também pavimentaram o caminho para a compreensão intrínseca da linguagem que vai além da mera análise superficial do texto.

Com as LSTMs e outros avanços subsequentes, a comunidade de PLN começou a enfrentar problemas mais complexos, tais como a geração de linguagem, resumo automático, reconhecimento de entidade nomeada e muitos outros.

A capacidade de compreender e gerar texto coerente e relevante se tornou uma realidade palpável graças a estas inovações em redes neurais.

O Transformer, em particular, se destacou por sua capacidade de paralelismo, o que reduziu drasticamente o tempo necessário para treinar modelos em grandes datasets.

A técnica de autoatenção, que é central para os Transformers, foi uma virada de jogo, eliminando a necessidade de recorrência sequencial e permitindo que o modelo desse pesos diferentes para partes diferentes da entrada de dados—uma faceta que se mostrou extremamente útil para capturar relações complexas e subtis no texto.

Os Transformers estão na base dos chamados modelos de linguagem "autorregressivos", que geram texto prevendo a próxima palavra na sequência, dada todas as palavras anteriores.

Estes modelos avançaram para combinar autoatenção com técnicas de treinamento massivo, oferecendo a capacidade para "aprender" a estrutura e as nuances da linguagem a partir de um volume imenso de dados textuais.

O resultado desses avanços tem sido modelos de PLN que não só compreendem a linguagem em um nível sofisticado, mas que podem também se adaptar a novas tarefas com um mínimo de intervenção, um processo conhecido como "fine-tuning".

3.4   Resultados atuais.

Assim, com modelos como o BERT e o GPT-3, os pesquisadores e engenheiros agora têm em mãos ferramentas que, uma vez treinadas, podem aplicar seu aprendizado a uma incrível variedade de problemas de PLN, extraindo conhecimento contextual que é essencial para compreensão e geração de linguagem.

Essas arquiteturas modernas de redes neurais continuam a estimular pesquisa e desenvolvimento no campo do PLN, impulsionando o desenvolvimento de aplicações práticas em vários setores, inclusive tradução automática, sistemas de diálogo inteligente, sumarização automática de texto, e desenvolvimento de agentes pessoais mais intuitivos.

A eficiência no tratamento de sequências de texto proporcionada pelos Transformers tem provado ser um ponto de partida para a inovação contínua, inclusive no desenvolvimento de modelos que tentam incorporar uma compreensão mais profunda do mundo e do conhecimento comum.

Como Yann LeCun, um dos pioneiros no campo da aprendizagem profunda, comentou, a capacidade de integrar conhecimento de mundo e raciocínio é o próximo grande desafio para o PLN.

A pesquisa atual está voltada para modelos ainda mais avançados que possam realizar inferência lógica e generalização através de múltiplos domínios. Esta é uma direção estimulante que poderia levar a sistemas de IA mais compreensíveis e flexíveis, que podem interagir, aprender e reagir de maneira mais humana.

Além das aplicações diretas, os avanços nas arquiteturas de redes neurais também têm tido um impacto profundo na compreensão teórica da linguagem e do aprendizado de máquina.

A pesquisa nessas arquiteturas tem fornecido insights sobre a natureza do processamento da linguagem no cérebro humano e o aprendizado em geral. Estudos de análises de ativação de neurônios de redes treinadas em tarefas de PLN têm ajudado a identificar semelhanças notáveis (e diferenças) com as representações neurais de linguagens no cérebro humano.

E celebramos o progresso alcançado com as redes neurais profundas no PLN, a comunidade continua ciente das limitações existentes e dos desafios éticos e sociais que acompanham o uso de sistemas poderosos de aprendizado de máquina.

Com o aumento da capacidade de treino e implementação destes modelos avançados, surge uma responsabilidade coletiva em garantir seu uso responsável e benefício para a sociedade em seu conjunto, uma missão que requer uma abordagem colaborativa e multidisciplinar, unindo tecnologia, ciência, humanidades e política.

À medida que avançamos, a pesquisa continua focada não apenas em aprimorar a capacidade dos modelos de linguagem para processar e gerar texto, mas também em encontrar maneiras de torná-los contextualmente conscientes, eticamente responsáveis e capazes de interagir harmoniosamente com os seres humanos.

A inclusão de mais conhecimento do mundo, lógica causal e habilidades sociais no PLN será essencial para desenvolver IA que possa ser efetivamente uma parceira na vida cotidiana das pessoas.

Dessa forma, a pesquisa futura pode envolver a criação de modelos híbridos que combinem as abordagens estatísticas de redes neurais profundas com modelos simbólicos e lógicos, na esperança de superar desafios persistentes, como a falta de generalização para além dos dados de treino e a dificuldade de explicar decisões e comportamentos do modelo.

4 Conclusão.

Este livro apresentou uma imersão nos fundamentos da engenharia de prompt, explorando conceitos, técnicas e aplicações que são essenciais para qualquer um que deseje compreender e atuar no campo da inteligência artificial.

Ao longo dos capítulos, desvendamos os mistérios por trás da criação de prompts eficazes, identificamos os elementos centrais que estruturam essas interações e traçamos a evolução histórica que culminou nas poderosas ferramentas de IA que conhecemos hoje, como os Transformers e o Long Short-Term Memory (LSTMs).

Destacamos também a importância de se compreender os riscos associados a prompts mal estruturados e como uma engenharia de prompt bem elaborada pode gerar resultados otimizados, alinhados com os objetivos específicos de quem os utiliza.

Ao longo do caminho, ficou evidente que o papel do prompt transcende uma simples instrução técnica: ele é uma ponte entre a intenção humana e a resposta da máquina, determinando a eficácia das soluções e a qualidade das interações com a IA.

Essa jornada, porém, não é apenas técnica. Ela nos leva a refletir sobre o impacto social, ético e filosófico dessa nova era. A engenharia de prompt não se resume a moldar o comportamento das máquinas, mas também a moldar como nós, seres humanos, nos comunicamos com essas inteligências.

O poder de influenciar o comportamento dos sistemas de IA exige responsabilidade. A capacidade de personalizar, otimizar e ajustar a linguagem que guia essas tecnologias coloca nas mãos da humanidade a oportunidade — e o dever — de garantir que essas interações sejam orientadas por valores éticos e humanísticos.

À medida que avançamos no desenvolvimento da IA, enfrentaremos caminhos divergentes: podemos optar por construir tecnologias que amplifiquem desigualdades ou escolher desenvolver soluções inclusivas e justas.

O papel da humanidade será decisivo na definição desses rumos. A IA pode ser uma ferramenta de progresso ou uma força de divisão, dependendo de como for moldada. O prompt, nesse contexto, é mais que um comando; ele representa nossa intenção e nossa visão de futuro.

Que valores irão guiar a evolução da IA? Que sociedade desejamos construir ao lado dessas máquinas pensantes? Este livro encerra com a provocação de que o destino dessa tecnologia não está nas mãos das máquinas, mas sim na nossa habilidade de direcioná-la. O futuro da IA é, acima de tudo, o futuro da humanidade.

Este livro é apenas um passo de uma jornada essencial no campo da inteligência artificial. Este volume é parte de uma coleção maior, "Inteligência Artificial: O Poder dos Dados", com 49 volumes que exploram, em profundidade, diferentes aspectos da IA e da ciência de dados.

Os demais volumes abordam temas igualmente cruciais, como a integração de sistemas de IA, a análise preditiva e o uso de algoritmos avançados para tomada de decisões.

Ao adquirir e ler os demais livros da coleção, disponíveis na Amazon, você terá uma visão holística e profunda que permitirá não só otimizar a governança de dados, mas também potencializar o impacto da inteligência artificial nas suas operações.

5 Referências bibliográficas.

BISHOP, C. (2006). Pattern Recognition and Machine Learning. Springer.

CHOLLET, F. (2021). Deep Learning with Python. Manning Publications.

DOMINGOS, P. (2015). The Master Algorithm: How the Quest for the Ultimate Learning Machine Will Remake Our World. Basic Books.

DUDA, R.; HART, P.; STORK, D. (2006). Pattern Classification. Wiley.

GERON, A. (2022). Hands-On Machine Learning with Scikit-Learn, Keras, and TensorFlow: Concepts, Tools, and Techniques to Build Intelligent Systems. O'Reilly Media.

GOLDBERG, Y. (2017). Neural Network Methods in Natural Language Processing. Morgan & Claypool Publishers.

KELLEHER, John D. (2019). Deep Learning. MIT Press.

JAMES, G.; WITTEN, D.; HASTIE, T.; TIBSHIRANI, R. (2021). An Introduction to Statistical Learning: With Applications in R. Springer.

JURAFSKY, D.; MARTIN, J. (2020). Speech and Language Processing: An Introduction to Natural Language Processing, Computational Linguistics, and Speech Recognition. Pearson.

KAPOOR, R.; MAHONEY, M. (2021). AI-Powered: How Prompt Engineering Transforms Data Into Knowledge. CRC Press.

LANGE, K. (2010). Optimization. Springer.

LECUN, Y.; BENGIO, Y. (2020). Advances in Neural Information Processing Systems. MIT Press.

MARR, B. (2018). Artificial Intelligence in Practice: How 50 Successful Companies Used AI and Prompt Engineering to Solve Problems. Wiley.

MITCHELL, T. (1997). Machine Learning. McGraw-Hill.

MOHAN, V. (2021). Mastering Prompt Engineering for AI Applications. Packt Publishing.

MULLER, A. C.; GUIDO, S. (2016). Introduction to Machine Learning with Python: A Guide for Data Scientists. O'Reilly Media.

MURPHY, K. (2012). Machine Learning: A Probabilistic Perspective. MIT Press.

PATTERSON, D.; HENNESSY, J. (2021). Computer Organization and Design: The Hardware/Software Interface. Morgan Kaufmann.

PINTO, M.V (2024 -1). Artificial Intelligence – Essential Guide. ISBN. 979-8322751175. Independently published. ASIN. B0D1N7TJL8.

RAGHU, M.; SCHMIDHUBER, J. (2020). AI Thinking: How Prompt Engineering Enhances Human-Computer Interaction. MIT Press.

RAJPUT, D. (2020). Artificial Intelligence and Machine Learning: Developing AI Solutions Using Prompt Engineering. BPB Publications.

RUSSELL, S.; NORVIG, P. (2020). Artificial Intelligence: A Modern Approach. Pearson.

SEN, S.; KAMEL, M. (2021). AI Design Patterns: Leveraging Prompt Engineering to Build Better AI Systems. Springer.

SMITH, B.; ERNST, A. (2021). Artificial Intelligence and the Future of Work: How Prompt Engineering Shapes Tomorrow's Jobs. Oxford University Press.

SUTTON, R.; BARTO, A. (2018). Reinforcement Learning: An Introduction. MIT Press.

TAO, Q. (2022). Artificial Intelligence Ethics and Prompt Engineering: Balancing Innovation with Responsibility. Routledge.

VANDERPLAS, J. (2016). Python Data Science Handbook: Essential Tools for Working with Data. O'Reilly Media.

ZHANG, Z.; DONG, Y. (2021). AI Systems: Foundations, Prompt Engineering, and Advanced Techniques. CRC Press.

6 Descubra a Coleção Completa "Inteligência Artificial e o Poder dos Dados" – Um Convite para Transformar sua Carreira e Conhecimento.

A Coleção "Inteligência Artificial e o Poder dos Dados" foi criada para quem deseja não apenas entender a Inteligência Artificial (IA), mas também aplicá-la de forma estratégica e prática.

Em uma série de volumes cuidadosamente elaborados, desvendo conceitos complexos de maneira clara e acessível, garantindo ao leitor uma compreensão completa da IA e de seu impacto nas sociedades modernas.

Não importa seu nível de familiaridade com o tema: esta coleção transforma o difícil em didático, o teórico em aplicável e o técnico em algo poderoso para sua carreira.

6.1 Por Que Comprar Esta Coleção?

Estamos vivendo uma revolução tecnológica sem precedentes, onde a IA é a força motriz em áreas como medicina, finanças, educação, governo e entretenimento.

A coleção "Inteligência Artificial e o Poder dos Dados" mergulha profundamente em todos esses setores, com exemplos práticos e reflexões que vão muito além dos conceitos tradicionais.

Você encontrará tanto o conhecimento técnico quanto as implicações éticas e sociais da IA incentivando você a ver essa tecnologia não apenas como uma ferramenta, mas como um verdadeiro agente de transformação.

Cada volume é uma peça fundamental deste quebra-cabeça inovador: do aprendizado de máquina à governança de dados e da ética à aplicação prática.

Com a orientação de um autor experiente, que combina pesquisa acadêmica com anos de atuação prática, esta coleção é mais do que um conjunto de livros – é um guia indispensável para quem quer navegar e se destacar nesse campo em expansão.

6.2   Público-Alvo desta Coleção?

Esta coleção é para todos que desejam ter um papel de destaque na era da IA:
- ✓ Profissionais da Tecnologia: recebem insights técnicos profundos para expandir suas habilidades.

- ✓ Estudantes e Curiosos: têm acesso a explicações claras que facilitam o entendimento do complexo universo da IA.

- ✓ Gestores, líderes empresariais e formuladores de políticas também se beneficiarão da visão estratégica sobre a IA, essencial para a tomada de decisões bem-informadas.

- ✓ Profissionais em Transição de Carreira: Profissionais em transição de carreira ou interessados em se especializar em IA encontram aqui um material completo para construir sua trajetória de aprendizado.

6.3   Muito Mais do Que Técnica – Uma Transformação Completa.

Esta coleção não é apenas uma série de livros técnicos; é uma ferramenta de crescimento intelectual e profissional.

Com ela, você vai muito além da teoria: cada volume convida a uma reflexão profunda sobre o futuro da humanidade em um mundo onde máquinas e algoritmos estão cada vez mais presentes.

Este é o seu convite para dominar o conhecimento que vai definir o futuro e se tornar parte da transformação que a Inteligência Artificial traz ao mundo.

Seja um líder em seu setor, domine as habilidades que o mercado exige e prepare-se para o futuro com a coleção "Inteligência Artificial e o Poder dos Dados".

Esta não é apenas uma compra; é um investimento decisivo na sua jornada de aprendizado e desenvolvimento profissional.

Prof. Marcão - Marcus Vinícius Pinto

Mestre em Tecnologia da Informação.
Especialista em Inteligência Artificial, Governança de Dados e Arquitetura de Informação.

7 Os Livros da Coleção.

7.1 Dados, Informação e Conhecimento na era da Inteligência Artificial.

Este livro explora de forma essencial as bases teóricas e práticas da Inteligência Artificial, desde a coleta de dados até sua transformação em inteligência. Ele foca, principalmente, no aprendizado de máquina, no treinamento de IA e nas redes neurais.

7.2 Dos Dados em Ouro: Como Transformar Informação em Sabedoria na Era da IA.

Este livro oferece uma análise crítica sobre a evolução da Inteligência Artificial, desde os dados brutos até a criação de sabedoria artificial, integrando redes neurais, aprendizado profundo e modelagem de conhecimento.

Apresenta exemplos práticos em saúde, finanças e educação, e aborda desafios éticos e técnicos.

7.3 Desafios e Limitações dos Dados na IA.

O livro oferece uma análise profunda sobre o papel dos dados no desenvolvimento da IA explorando temas como qualidade, viés, privacidade, segurança e escalabilidade com estudos de caso práticos em saúde, finanças e segurança pública.

7.4 Dados Históricos em Bases de Dados para IA: Estruturas, Preservação e Expurgo.

Este livro investiga como a gestão de dados históricos é essencial para o sucesso de projetos de IA. Aborda a relevância das normas ISO para garantir qualidade e segurança, além de analisar tendências e inovações no tratamento de dados.

7.5   Vocabulário Controlado para Dicionário de Dados: Um Guia Completo.

Este guia completo explora as vantagens e desafios da implementação de vocabulários controlados no contexto da IA e da ciência da informação. Com uma abordagem detalhada, aborda desde a nomeação de elementos de dados até as interações entre semântica e cognição.

7.6   Curadoria e Administração de Dados para a Era da IA.

Esta obra apresenta estratégias avançadas para transformar dados brutos em insights valiosos, com foco na curadoria meticulosa e administração eficiente dos dados. Além de soluções técnicas, aborda questões éticas e legais, capacitando o leitor a enfrentar os desafios complexos da informação.

7.7   Arquitetura de Informação.

A obra aborda a gestão de dados na era digital, combinando teoria e prática para criar sistemas de IA eficientes e escaláveis, com insights sobre modelagem e desafios éticos e legais.

7.8   Fundamentos: O Essencial para Dominar a Inteligência Artificial.

Uma obra essencial para quem deseja dominar os conceitos-chave da IA, com uma abordagem acessível e exemplos práticos. O livro explora inovações como Machine Learning e Processamento de Linguagem Natural, além dos desafios éticos e legais e oferece uma visão clara do impacto da IA em diversos setores.

7.9 LLMS - Modelos de Linguagem de Grande Escala.

Este guia essencial ajuda a compreender a revolução dos Modelos de Linguagem de Grande Escala (LLMs) na IA.

O livro explora a evolução dos GPTs e as últimas inovações em interação humano-computador, oferecendo insights práticos sobre seu impacto em setores como saúde, educação e finanças.

7.10 Machine Learning: Fundamentos e Avanços.

Este livro oferece uma visão abrangente sobre algoritmos supervisionados e não supervisionados, redes neurais profundas e aprendizado federado. Além de abordar questões de ética e explicabilidade dos modelos.

7.11 Por Dentro das Mentes Sintéticas.

Este livro revela como essas 'mentes sintéticas' estão redefinindo a criatividade, o trabalho e as interações humanas. Esta obra apresenta uma análise detalhada dos desafios e oportunidades proporcionados por essas tecnologias, explorando seu impacto profundo na sociedade.

7.12 A Questão dos Direitos Autorais.

Este livro convida o leitor a explorar o futuro da criatividade em um mundo onde a colaboração entre humanos e máquinas é uma realidade, abordando questões sobre autoria, originalidade e propriedade intelectual na era das IAs generativas.

7.13   1121 Perguntas e Respostas: Do Básico ao Complexo– Parte 1 A 4.

Organizadas em quatro volumes, estas perguntas servem como guias práticos essenciais para dominar os principais conceitos da IA.

A Parte 1 aborda informação, dados, geoprocessamento, a evolução da inteligência artificial, seus marcos históricos e conceitos básicos.

A Parte 2 aprofunda-se em conceitos complexos como aprendizado de máquina, processamento de linguagem natural, visão computacional, robótica e algoritmos de decisão.

A Parte 3 aborda questões como privacidade de dados, automação do trabalho e o impacto de modelos de linguagem de grande escala (LLMs).

Parte 4 explora o papel central dos dados na era da inteligência artificial, aprofundando os fundamentos da IA e suas aplicações em áreas como saúde mental, governo e combate à corrupção.

7.14   O Glossário Definitivo da Inteligência Artificial.

Este glossário apresenta mais de mil conceitos de inteligência artificial explicados de forma clara, abordando temas como Machine Learning, Processamento de Linguagem Natural, Visão Computacional e Ética em IA.

- A parte 1 contempla conceitos iniciados pelas letras de A a D.

- A parte 2 contempla conceitos iniciados pelas letras de E a M.
- A parte 3 contempla conceitos iniciados pelas letras de N a Z.

7.15 Engenharia de Prompt - Volumes 1 a 6.

Esta coleção abrange todos os fundamentos da engenharia de prompt, proporcionando uma base completa para o desenvolvimento profissional.

Com uma rica variedade de prompts para áreas como liderança, marketing digital e tecnologia da informação, oferece exemplos práticos para melhorar a clareza, a tomada de decisões e obter insights valiosos.

Os volumes abordam os seguintes assuntos:

- Volume 1: Fundamentos. Conceitos Estruturadores e História da Engenharia de Prompt.
- Volume 2: Ferramentas e Tecnologias, Gerenciamento de Estado e Contexto e Ética e Segurança.
- Volume 3: Modelos de Linguagem, Tokenização e Métodos de Treinamento.
- Volume 4: Como Fazer Perguntas Corretas.
- Volume 5: Estudos de Casos e Erros.
- Volume 6: Os Melhores Prompts.

7.16 Guia para ser um Engenheiro De Prompt – Volumes 1 e 2.

A coleção explora os fundamentos avançados e as habilidades necessárias para ser um engenheiro de prompt bem-sucedido, destacando os benefícios, riscos e o papel crítico que essa função desempenha no desenvolvimento da inteligência artificial.

O Volume 1 aborda a elaboração de prompts eficazes, enquanto o Volume 2 é um guia para compreender e aplicar os fundamentos da Engenharia de Prompt.

7.17 Governança de Dados com IA – Volumes 1 a 3.

Descubra como implementar uma governança de dados eficaz com esta coleção abrangente. Oferecendo orientações práticas, esta coleção abrange desde a arquitetura e organização de dados até a proteção e garantia de qualidade, proporcionando uma visão completa para transformar dados em ativos estratégicos.

O volume 1 aborda as práticas e regulações. O volume 2 explora em profundidade os processos, técnicas e melhores práticas para realizar auditorias eficazes em modelos de dados. O volume 3 é seu guia definitivo para implantação da governança de dados com IA.

7.18 Governança de Algoritmos.

Este livro analisa o impacto dos algoritmos na sociedade, explorando seus fundamentos e abordando questões éticas e regulatórias. Aborda transparência, accountability e vieses, com soluções práticas para auditar e monitorar algoritmos em setores como finanças, saúde e educação.

7.19 De Profissional de Ti para Expert em IA: O Guia Definitivo para uma Transição de Carreira Bem-Sucedida.

Para profissionais de Tecnologia da Informação, a transição para a IA representa uma oportunidade única de aprimorar habilidades e contribuir para o desenvolvimento de soluções inovadoras que moldam o futuro.

Neste livro, investigamos os motivos para fazer essa transição, as habilidades essenciais, a melhor trilha de aprendizado e as perspectivas para o futuro do mercado de trabalho em TI.

7.20 Liderança Inteligente com IA: Transforme sua Equipe e Impulsione Resultados.

Este livro revela como a inteligência artificial pode revolucionar a gestão de equipes e maximizar o desempenho organizacional.

Combinando técnicas de liderança tradicionais com insights proporcionados pela IA, como a liderança baseada em análise preditiva, você aprenderá a otimizar processos, tomar decisões mais estratégicas e criar equipes mais eficientes e engajadas.

7.21 Impactos e Transformações: Coleção Completa.

Esta coleção oferece uma análise abrangente e multifacetada das transformações provocadas pela Inteligência Artificial na sociedade contemporânea.

- Volume 1: Desafios e Soluções na Detecção de Textos Gerados por Inteligência Artificial.
- Volume 2: A Era das Bolhas de Filtro. Inteligência Artificial e a Ilusão de Liberdade.
- Volume 3: Criação de Conteúdo com IA - Como Fazer?
- Volume 4: A Singularidade Está Mais Próxima do que Você Imagina.
- Volume 5: Burrice Humana versus Inteligência Artificial.
- Volume 6: A Era da Burrice! Um Culto à Estupidez?
- Volume 7: Autonomia em Movimento: A Revolução dos Veículos Inteligentes.
- Volume 8: Poiesis e Criatividade com IA.
- Volume 9: Dupla perfeita: IA + automação.

- Volume 10: Quem detém o poder dos dados?

7.22   Big Data com IA: Coleção Completa.

A coleção aborda desde os fundamentos tecnológicos e a arquitetura de Big Data até a administração e o glossário de termos técnicos essenciais.

A coleção também discute o futuro da relação da humanidade com o enorme volume de dados gerados nas bases de dados de treinamento em estruturação de Big Data.

- Volume 1: Fundamentos.
- Volume 2: Arquitetura.
- Volume 3: Implementação.
- Volume 4: Administração.
- Volume 5: Temas Essenciais e Definições.
- Volume 6: Data Warehouse, Big Data e IA.

8   Sobre o Autor.

Sou Marcus Pinto, mais conhecido como Prof. Marcão, especialista em tecnologia da informação, arquitetura da informação e inteligência artificial.

Com mais de quatro décadas de atuação e pesquisa dedicadas, construí uma trajetória sólida e reconhecida, sempre focada em tornar o conhecimento técnico acessível e aplicável a todos os que buscam entender e se destacar nesse campo transformador.

Minha experiência abrange consultoria estratégica, educação e autoria, além de uma atuação extensa como analista de arquitetura de informação.

Essa vivência me capacita a oferecer soluções inovadoras e adaptadas às necessidades em constante evolução do mercado tecnológico, antecipando tendências e criando pontes entre o saber técnico e o impacto prático.

Ao longo dos anos, desenvolvi uma expertise abrangente e aprofundada em dados, inteligência artificial e governança da informação – áreas que se tornaram essenciais para a construção de sistemas robustos e seguros, capazes de lidar com o vasto volume de dados que molda o mundo atual.

Minha coleção de livros, disponível na Amazon, reflete essa expertise, abordando temas como Governança de Dados, Big Data e Inteligência Artificial com um enfoque claro em aplicações práticas e visão estratégica.

Autor de mais de 150 livros, investigo o impacto da inteligência artificial em múltiplas esferas, explorando desde suas bases técnicas até as questões éticas que se tornam cada vez mais urgentes com a adoção dessa tecnologia em larga escala.

Em minhas palestras e mentorias, compartilho não apenas o valor da IA, mas também os desafios e responsabilidades que acompanham sua implementação – elementos que considero essenciais para uma adoção ética e consciente.

Acredito que a evolução tecnológica é um caminho inevitável. Meus livros são uma proposta de guia nesse trajeto, oferecendo insights profundos e acessíveis para quem deseja não apenas entender, mas dominar as tecnologias do futuro.

Com um olhar focado na educação e no desenvolvimento humano, convido você a se unir a mim nessa jornada transformadora, explorando as possibilidades e desafios que essa era digital nos reserva.

9 Como Contatar o Prof. Marcão.

9.1 Para palestras, treinamento e mentoria empresarial.

marcao.tecno@gmail.com

9.2 Prof. Marcão, no Linkedin.

https://bit.ly/linkedin_profmarcao

www.ingramcontent.com/pod-product-compliance
Lightning Source LLC
La Vergne TN
LVHW051540050326
832903LV00033B/4355